LE GRAND NOM

NAPOLÉON BONAPARTE,

EMPEREUR DES FRANÇAIS.

QUID EST MELIUS AUT PRAESTANTIUS
BONITATE ET BENEFICENTIA?

TULL. CICER. de Nat. Deor. lib. 1, n. 121.

À PARIS,

DE L'IMPRIMERIE DE P. DIDOT L'AINÉ.

AN XIII. = V FÉVRIER M. DCCCV.

NAPOLEONI MAGNO,

GALLIARUM IMPERATORI

ET ITALIÆ REGI.

---

*L*ᴇx *suprema mihi felices reddere Gallos.*
Affectus teneros, carissima commoda, Gallis
Per varios casus voveo... Hæc sunt aurea verba
Quæ grato memores servabunt pectore Galli.
Gallorum historia his verbis ditata superbit.
Vivite, magnanimi Sponsi; vos junxerat olim
Certa fides et amor, disjungit gloria : semper
Unanimes sensus, patriæ sibi vindicat ara.

Fidei, reverentiæ, amoris rectigal offerebat
Lᴇ Pʀᴇᴜx, *Imperii Eques, Medicus consi-*
liarius Imperatoris et Regis, primarius
Medicus Nosocomii dicti Hôtel-Dieu.

Die 21 Decembris 1809.

A MA PATRIE

J'offre l'hommage le plus digne de son amour pour son auguste Souverain; c'est le grand nom:

NAPOLÉON BONAPARTE,

tel qu'il se lit dans le cœur des Français.

Quelle circonstance plus précieuse ! c'est le moment où le Héros Pacificateur de l'Europe vient d'exercer auprès de l'ennemi, qui se plaît à l'agiter, un acte éclatant qui fait bénir ce grand nom dans toutes les contrées de l'univers.

N. FOULON.

NAPOLÉON BONAPARTE.

Il est difficile, en deux noms, de trouver plus heureusement réunis d'aussi grandes pensées, de plus augustes caracteres.

Les trois langues primitives semblent se prêter à constituer cet emblême du plus consolant présage;

La langue hébraïque,

La langue grecque.

La langue latine, qui en est l'interprête,

Et celle qui en est l'écho, la langue italique.

BONA PARTE.

HÉBREU.

טוב-חלק (Taüb-chêlek).

טוב, bon;

חלק, partage échu;

חלקי יהוה, *Pars mea* Ieovha; Mon partage est le Seigneur.

Cette analyse grammaticale du nom Bonaparte, dans le sens naturel de l'hébreu, rend, sans aucun effort de l'esprit,

1º La bonté émanant de sa source divine;

2º L'homme qui a pris la Divinité pour partage, et que la Divinité a pris pour son héritage.

BONA PARTE,

GREC.

Αγαθη-μερος.

Αγαθος, bon.

Bonté gracieuse ! son éclat rejaillit ; semblable à ces pierreries dont le nom seul indique l'excellente propriété !

Μερος, partie, dans le sens de μεροψ, homme....

L'homme est ici considéré en tant que fraction personnelle de l'homme intégral, ou division partielle du Tout-homme; ce qui présente ce sentiment sublime,

BONTÉ PERSONNELLE.

NAPOLÉON.

RACINE GRECQUE,

Νεα, nouvelle;

Πολις, cité;

Νεαπολεων, l'homme de la nouvelle cité.

Une dynastie consacrée par cet illustre nom semble ressortir du sein de la bonté divine. Ce nom est le sceau imprimé sur son chef, et ce sceau porte, gravé en caracteres indélébiles :

NAPOLÉON BONAPARTE.

Céleste empreinte ! elle offre à tous les regards la garantie de la confiance ; elle présente tout ce qu'il y a de plus propre à concilier les esprits, et unir les cœurs ; elle pose l'édifice du Pouvoir sur des bases plus fortes et plus inébranlables que le marbre, le bronze, et l'airain :

> . . . . . . *Et centum potiore signis*
> *Munere donat.*
>
> Horat. Od. l. iv, 2.